Парамаханса Йогананда
(1893–1952)

Выявляя лучшее в отношениях с людьми

Брат Премамой

Серия «Искусство жить»

Неформальные лекции и эссе, публикуемые в серии «Искусство жить» (*"How-to-Live" Series*), впервые появились в журнале *Self-Realization*, издаваемом обществом Self-Realization Fellowship. Подобные материалы также содержатся в различных сборниках, а также аудио- и видеозаписях SRF. Серия «Искусство жить» была создана по многочисленным просьбам наших читателей, желавших иметь под рукой карманные брошюры, освещающие различные аспекты учений Парамахансы Йогананды. Данная серия публикаций передает духовные наставления Шри Йогананды и его ближайших учеников, членов монашеского ордена Self-Realization Fellowship, многие из которых долгие годы обучались у почитаемого во всем мире духовного учителя. Время от времени эта серия пополняется новыми публикациями.

Название англоязычного оригинала, издаваемого
обществом Self-Realization Fellowship, Лос-Анджелес, Калифорния:
Bringing Out the Best in Our Relationships With Others

ISBN: 978-0-87612-378-2

Перевод на русский язык: Self-Realization Fellowship

Copyright © 2025 Self-Realization Fellowship

Все права защищены. Без предварительного разрешения Self-Realization Fellowship перепечатка (за исключением кратких цитат для рецензий) и распространение книги «Выявляя лучшее в отношениях с людьми» (*Bringing Out the Best in Our Relationships With Others*) в любой форме — электронной, механической или любой другой, существующей сегодня или в будущем, включая фотокопирование, звуковую запись или хранение ее в информационных и принимающих системах — является нарушением авторских прав и преследуется по закону. За справками обращайтесь по адресу: Self-Realization Fellowship, 3880 San Rafael Avenue, Los Angeles, California 90065-3219, USA

 Авторизовано Международным издательским советом
Self-Realization Fellowship

Название общества Self-Realization Fellowship и его эмблема, помещенная выше, присутствуют на всех книгах, аудио- и видеозаписях, а также других публикациях SRF, удостоверяя читателя, что он имеет дело с материалами организации, которая основана Парамахансой Йоганандой и передает его учения точно и достоверно.

Первое издание на русском языке, 2025
First edition in Russian, 2025
Издание 2025 года
This printing 2025

ISBN: 978-1-68568-249-1

1569-J8788

— ✧ —

Существует Сила, способная осветить ваш путь к здоровью, счастью, покою и успеху. Вам нужно лишь обратиться лицом к этому Свету.

— Парамаханса Йогананда

— ✧ —

Выявляя лучшее в отношениях с людьми

Брат Премамой

Выдержки из лекции, прочитанной в Главном международном центре Self-Realization Fellowship[1], Лос-Анджелес, Калифорния, 19 апреля 1983 года

Наши взаимоотношения с людьми часто лишены одного важного аспекта — уважения. В контактах между странами, семьями и индивидуумами преобладает желание думать только о себе: «Хочу это, ненавижу то» и так далее. Практически каждый в своих действиях в течение жизни руководствуется личными интересами и предпочтениями и не думает о том, как его поведение скажется на других. Вот почему мир сегодня находится в таком запутанном состоянии.

Парамаханса Йогананда часто акцентировал внимание на важности проявления уважения друг к другу, к власти, к родителям, к младшим и старшим сотрудникам организации. Он любил повторять поговорку: «Фамильярность порождает пренебрежение». Излишняя фамильярность приводит к гибели уважения.

---

[1] Букв. «Содружество Самореализации»; произносится как [сэлф риализэйшн феллоушип]; сокр. SRF [эс-эр-эф]. Парамаханса Йогананда объяснил, что название общества означает «союз с Богом через Самореализацию (осознание своего истинного „Я") и братскую дружбу со всеми искателями Истины».

В основе всех взаимоотношений должно лежать уважение

Дружба между Мастером [Парамахансой Йоганандой] и его учеником Раджарси Джанаканандой являла собой идеал уважения как фундамента человеческих взаимоотношений. Наш Гуру[2] относился к Раджарси как к другу, как к сыну и в то же время как к ученику. Раджарси уважал Мастера в той же степени — как друга, как отца и, что самое главное, как гуру. Временами их отношения лучились детской простотой. Мы слышали, как бережно они заворачивали друг другу скромные подарки на Рождество. Когда наставал час их открывать, Мастеру настолько не терпелось увидеть, как Раджарси развяжет тесьму на полученной коробочке, что порой он делал это за него! Иной раз они дарили друг другу механические игрушки и с упоением наблюдали их «в деле», что отражало детский аспект их взаимоотношений.

Но прежде всего Раджарси видел в Парамахансаджи[3] не друга или отца, а гуру-наставника. Мастер часто говорил, что Раджарси исполнил абсолютно все желания его сердца. Такими фразами наш Гуру не разбрасывался. Высочайшее уважение позволило Раджарси достичь абсолютной сонастроенности с Гуру и стать освобожденной душой.

---

2 См. *гуру* в глоссарии.

3 *-джи* — составная часть имени или духовного титула в Индии, обозначающая уважительное отношение.

Дружба Мастера могла быть неформальной и очень личной, ибо он был божественным другом. Но поскольку он также был гуру-наставником, он всегда соблюдал почтительную дистанцию, ожидая того же и от своих учеников. Он свободно дарил свою любовь, однако держался в стороне от тех, кто проявлял излишнюю фамильярность, ибо знал, что без должного уважения ученик не будет восприимчив к внутренней духовной помощи. Утрачивая чувство уважения и опускаясь до уровня излишней фамильярности, мы сами оказываемся в проигрыше. Мы можем быть искренни, но в то же время мы должны вести себя уважительно.

Некоторые полагают, что искренность и сердечность идут рука об руку с непринужденностью. И все же между сердечностью и фамильярностью есть большая разница. К примеру, иной раз наш президент, Шри Дайя Мата, общается с учениками неформально, как это делал Мастер. Таким образом она помогает нам преодолеть первоначальную застенчивость в ее присутствии, дабы мы были более открыты к принятию ее помощи и духовного наставничества. Но она никогда не была фамильярной с Мастером: она демонстрировала образцовый пример послушания и почтения к Гуру. В юном возрасте Мастер и сам обучался надлежащему поведению. Из «Автобиографии йога» мы узнали о суровой дисциплине, которую он получал от своего гуру, Свами Шри Юктешвара. А когда Мастер был еще маленьким, его мать всегда купала и одевала всех детей в нарядную одежду, дабы они могли достойно встретить отца с работы, отдавая тому дань уважения.

Уважение выявляет лучшее в нас и окружающих

Какое-то время наш ашрам навещал один известный исполнитель рок-н-ролла, чтобы отдать дань уважения. Я встретил его здесь, в Маунт-Вашингтон. Для многих он был идолом, но это не мешало ему быть в высшей степени уважительным. В общении со мной он неизменно употреблял обращение «сэр», а также был вежливым и достойным. Однажды он мне поведал, что обращаться «сэр» ко всем, кто был старше, его приучили дома. Несмотря на то, что в мире популярной музыки он был «королем», он никогда не терял уважительности по отношению к другим.

Пожалуй, в Америке позабыть об этом аспекте проще, поскольку в английском языке нет уважительной формы обращения, как в некоторых других языках. В английском у нас есть лишь слово «you», в то время как во французском, немецком, итальянском, испанском и даже на санскрите присутствуют две формы обращения — вежливая и неформальная. Например, носители испанского говорят «usted» («вы») и «tú» («ты»). То же касается и французского («vous» и «tu»), немецкого («Sie» и «du»), итальянского («lei», «voi» и «tu»). А вот в английском есть лишь «you». Такие характерные особенности языка обогащают ранее воспитание со стороны родителей и учителей, прививая нам уважение и предупредительность в общении с окружающими.

Если в повседневных контактах с людьми мы постараемся проявлять к ним уважение, мы убедимся, что это многое меняет. Трудно ведь нагрубить человеку, если вы начали разговор с того, что обратились к нему на «вы». Это прозвучало бы как-то неправильно! Даже после тридцати лет дружбы я продолжаю обращаться к некоторым своим товарищам на «вы». Это вовсе не отдаляет нас — напротив, более близкие, уважительные взаимоотношения мне и представить сложно. Конечно, дело здесь не только в этикете, но и в важности воспитания правильного отношения друг другу.

Если вы проявляете к человеку подлинное уважение, ни одна из его просьб не заронит в вас возмущения или раздражения. Внутренняя кротость не требует формальностей: она естественным образом проистекает из чувства уважения. Если вы смотрели кино «Песнь Бернадетт», вы, вероятно, помните очень строгую монахиню, которую вполне можно назвать и суровой — ввиду ее отношения к Бернадетте. И все же Бернадетта никогда не жаловалась. Ее заставляли мыть полы, несмотря на опухоль в ее колене. А кто помнит, как звали ту суровую монахиню? Никто. Но все помнят имя Бернадетты, ибо, при всей несправедливости такого отношения, она проявляла уважение и покорность по отношению к тому, кто над ней главенствовал. Для Бернадетты было неважно, заслуживала ли та монахиня уважения: Бернадетта дарила его по велению сердца. Именно этот подход и сделал ее великой ревнительницей Божьей, а впоследствии и святой.

Время от времени я напоминаю новоприбывшим монахам о важности этого аспекта, потому что отсутствие уважения к людям может вылиться в отсутствие уважения к Богу. Порой я наблюдаю, как кто-то молится: «Отец Небесный, Божественная Мать, Друг, Возлюбленный Господь», беспокойно и рассеяно ерзая. Где же тут уважение? Можно ли при подобном молении ожидать какого-либо ответа? С таким подходом ждать ответа на свои молитвы придется очень долго. Мы об этом не задумываемся, поскольку не привыкли проявлять уважение в нашем повседневном общении с людьми. Однако мы можем взрастить в себе это качество — и это необходимо сделать, если оно нам не привито или не присуще с рождения.

Культивируйте в себе дипломатичность и чувство такта

В наших взаимоотношениях с людьми мы также должны проявлять дипломатичность. Это слово зачастую неверно трактуется. Люди говорят: «Какое мне дело до дипломатичности? Это все лицемерие». Не соглашусь с такой позицией. Если речь о политических играх, то да — там слова расходятся с делом. Но дипломат даже малоприятную правду скажет так, что не заденет чьи-либо чувства. Если бы государственные деятели в наше время были более дипломатичны, уверен, дела в мире шли бы куда лучше. Когда глава государства приходит в ООН, снимает ботинок и стучит им по столу, это не очень-то дипломатично. Правильной политикой такое не назовешь. Поэтому мы должны культивировать в себе дипломатичность и чувство такта. Вы можете спросить: «А что такое чувство такта?» Один человек тонко подметил: «Такт — это умение умолкнуть до того, как кто-то захочет заставить тебя замолчать».

Существует еще такое непривлекательное качество, как любопытство. Некоторые люди то и дело выспрашивают: «А чем он занимается? А что у него стряслось?» Они хотят разузнать все о том, что их не касается. Как известно, любопытство — мать изобретений, но в то же время недаром говорят: «Любопытной Варваре нос оторвали». Полагаю, излишнее любопытство разрушило немало отношений.

Чрезмерное любопытство порой мешает нам улавливать суть. К примеру, несколько дней назад меня попросили сопроводить одного человека в священное место, где жил Мастер в Энсинитасе[4]. Когда мы вошли в спальню Гуруджи, этот человек, вместо того чтобы

---

4 Комнаты уединенной обители, в которых жил Парамаханса Йогананда в Энсинитасе, Калифорния, оберегаются как святыня с 1952 года. — *Прим. изд.*

подумать: «А ведь здесь жил Парамаханса Йогананда; здесь он медитировал и общался с Богом!», направил свое внимание на полки подле двери, где стояло всего две-три книги. Он наклонился и спросил: «Что это за книги?» Я не удивился — лишь с сожалением подумал: «А чего я ожидал? Он пришел равнодушным и уйдет равнодушным, хотя мог бы унести отсюда благословение, которое преобразило бы его жизнь». Посещая святыню Мастера, не изучайте убранство комнаты. Постарайтесь вместо этого ощутить его присутствие. Правильное умонастроение не позволит вам упустить благословение. До чего же легко проморгать важное, растрачивая свое время и возможности на мелочи!

«Грамм надежности ценнее килограмма мозгов»

Еще одно качество, которое я хотел бы упомянуть, — надежность во взаимоотношениях. Если мы даем человеку какое-либо обещание, он должен иметь возможность позабыть о нем, уверившись, что обещанное будет исполнено. Мастер как-то сказал: «Грамм надежности ценнее килограмма мозгов», поскольку от килограмма мозгов нет толку, если мы не можем на них положиться. Если вы предприниматель и у вас есть компания, за которую вы несете ответственность, вы не пожалеете никаких денег для найма надежных сотрудников. Они бесценны.

И все же непросто найти человека, на которого можно всецело положиться.

Возможно, вы знаете историю о Нильсе Боре, которая, хоть и курьезна, но все же представляет для нас большой интерес. Бор был датским ученым, изобретшим тяжелую воду, являющуюся критическим компонентом в производстве ядерной бомбы. Нацисты знали, что она у него есть, поэтому охотились за ним. Несмотря на запросы, он также отказывался давать свои наработки странам антигитлеровской коалиции. Он был упрямым человеком; даже когда немцы оккупировали Данию, он говорил: «Почему я должен предоставлять мои разработки британцам и американцам? Наука превыше государства. Немцы имеют такое же право на доступ к ней». Взгляды его переменились, когда он узнал, как немцы обходятся с его близкими и сколько людей они уничтожают в газовых камерах. В критический момент он успел сбежать из Дании и был переправлен в Англию. По приезде туда он вдруг осознал, что оставил в холодильнике тяжелую воду, хранившуюся в бутылке от пива. Там лежали две одинаковые бутылки: одна с тяжелой водой, другая — с пивом.

А теперь представьте себе реакцию главы датской подпольной организации, когда он получил указание из Лондона: «Отправляйтесь в квартиру доктора Бора, заберите оттуда две бутылки пива и незамедлительно отправьте их в Лондон». Как бы отреагировало большинство людей? «Что?! Я должен рисковать собственной жизнью из-за чудаковатого профессора, забывшего свое пиво?». Они скорее направились бы в ближайший винный магазин, купили бы там две бутылки пива и сказали: «Вот они, я их достал». Но глава подпольной антифашисткой организации в приказе не усомнился. С риском для жизни — как своей, так и своих подчиненных — он, минуя немецких солдат, пробрался в квартиру, забрал бутылки и отправил их в Лондон. Разумеется, ему ничего не сообщили о содержимом этих бутылок, ведь в случае пленения он мог бы выдать секрет под воздействием пыток или «сыворотки правды». Но то, что он беспрекословно последовал указаниям, в определенной степени помогло определить исход Второй мировой войны. Если бы Гитлер успел создать атомную бомбу, мир сейчас выглядел бы совсем иначе. Таким образом, смиренная душа, на которую можно было положиться, помогла предотвратить эту катастрофу.

Надежность можно культивировать в любых отношениях. Помню, как мы с друзьями оттачивали это качество в шуточной манере. Мы назначали встречу в другой стране, например: «Давайте увидимся у фонтана городского парка Марселя 12 июля в 14:00». Планировали на год вперед! Звучало все это неправдоподобно, но, уверяю вас, каждый из нас был в Марселе в назначенный час. Хоть мы и делали это в шутку, в действительности мы проверяли, смогут ли другие люди верить нашим обещаниям.

Хочу рассказать вам историю о двух солдатах, подружившихся во время Второй мировой войны. Они принадлежали к разным религиям и слоям общества. Как-то раз, по окончании вылазки, лишь один из них вернулся на исходную позицию. Он ждал товарища до наступления темноты, но тот так и не появился. Тогда он направился к командиру части и сказал: «Сэр, мой друг не вернулся. Прошу отпустить меня на его поиски». «Это бесполезно! Если он до сих пор не вернулся, игра не стоит свеч. Тебя ведь тоже могут убить», — ответил командир. Но чуть погодя, видя озабоченность на лице солдата, он все же дал свое согласие: «Если хочешь — иди». После многочасовых поисков, раненый, он наконец вернулся с телом друга. Встретив командира, он сообщил: «Сэр, это было не зря. Я нашел его уже умирающим. Увидев меня, он сказал: „Я *знал*, что ты придешь!"». Эта история демонстрирует, что надежность человека неразрывно связана с другим важным духовным качеством — верностью.

Верность рождается там, где кончается личный комфорт

Одному из учеников, поступивших в ашрам всего за день до того, как Парамахансаджи оставил свое физическое тело, Гуруджи сказал: «Верность — наивысший закон». Он считал этот принцип настолько важным, что даже не стал давать ученику других наставлений. Как-то раз он даже заметил: «Неверность — это одна из тех вещей, которые трудно простить».

Нам необходимо культивировать верность по отношению друг к другу. Когда кто-то говорит что-то негативное о наших друзьях или близких, иной раз так легко добавить немного критики и со своей стороны. И все же это было бы проявлением неверности. Мы должны заступаться друг за друга и помнить, что верность рождается там, где кончается личный комфорт. Легко быть «лояльным» тому, кто и так пользуется благосклонностью окружающих. А вот в трудные времена задача усложняется — вот где начинается настоящее испытание верности.

Это касается и отношений с людьми, и отношения к той или иной организации. Когда кто-то обрушивается со своей критикой на других, мы зачастую склонны согласиться или вставить свои пять копеек: «Да, они ничего не знают», «Им не понять» и так далее. Когда речь заходит о *них,* мы не проявляем должного уважения. В таких ситуациях Шри Дайя Мата обычно интересуется: «Кто же такие „они", о ком все эти разговоры?» Элберт Хаббард прекрасно подметил: «Если вы на кого-то работаете, ради всего святого, работайте для него! Отзывайтесь о нем хорошо, разделяйте ценности его бизнеса… Если же вам хочется ворчать, осуждать, вечно ко всему придираться — увольняйтесь. Уже уволившись, ворчите себе на здоровье. Но пока вы часть этого бизнеса, не судите его, ведь при первой же буре снесет именно вас — и вы наверняка даже не поймете, почему».

Духовное значение взаимоотношений

Старая пословица американских индейцев гласит: «Не критикуй соседа, пока не пройдешь в его ботинках милю». Если мы искренне изъявляем готовность поставить себя на место другого человека, возможно, после одной мили, десяти миль или же десяти лет блужданий в его ботинках мы поймем, почему он приобрел те или иные черты. И тогда уже *мы* извлечем из этого опыта пользу.

Вместо того чтобы искать в людях недостатки, мы должны постараться их понять. Конечно, не стоит надеяться, что мы всегда легко со всеми поладим. Окружающая среда подобна шлифовальному станку, который обрабатывает различные минералы: опалы, топазы и другие драгоценные камни. Этот станок снабжен системой подачи воды и абразивным кругом. При вращении он точит и шлифует минерал. После многих дней работы мы получаем прекрасно отполированные камни. Нас собрали в одном мире — со всеми нашими недостатками, дурными привычками и враждебностью, — и мы «стачиваем» друг другу острые углы характера, дабы в один прекрасный день все мы могли сделаться «отполированными» индивидуумами.

Необходимо понимать, что, если мы с кем-то не ладим, на то есть определенная кармическая[5] причина, или же нам надлежит усвоить некий урок, который по-другому выучить не получится. Когда кто-то из учеников прихо-

---

5 См. *карма* в глоссарии.

дил к Мастеру с жалобами наподобие: «Такой-то человек поступил со мной так-то» или «Он меня не понимает», знаете, что отвечал на это Мастер? «Если бы его тут не было, мне пришлось бы сотворить точно такого же». Если вы не можете жить с кем-то в согласии, это значит, что именно в таком человеке вы и нуждаетесь: он позволит вам увидеть и преодолеть собственные недостатки.

Если мы не можем с кем-то поладить, мы должны об этом задуматься и задаться вопросом: «А почему так получилось? Почему мне не нравится, как ведет себя этот человек?» На то всегда есть причина. Если мы состоим с кем-то в близких отношениях в этой жизни, очень вероятно, что мы были близки и в прошлой. Наша карма вновь притянула нас друг к другу. Если отношения наши проблемны, вероятно, такими они были и раньше. Если же мы пройдем испытания в этот раз, в следующий их уже не будет!

Мы всегда должны вспоминать об этом, когда вступаем с кем-то в противоречие. Мастер говорил: «С того момента, как вы ступаете на духовный путь, ничего не происходит просто так». Если бы мы были предоставлены сами себе и не получали руководства от Гуру, возможно, мы бы «сломались» под тяжестью того или иного испытания. Но здесь-то мы знаем, что можем принять все происходящее, ибо Гуру регулирует кармические факторы, которые на нас воздействуют, дабы испытание приходило именно в тот момент, когда мы в состоянии с ним справиться, а не тогда, когда мы ломаемся под его тяжестью.

Не усмирив свое «я», мы не сможем узреть Бога

Мы должны научиться видеть не только характерные особенности человека, но и личность, что за ними скрывается. Всякий раз, когда нам приходится делать то, чего мы не хотим, нам не следует жаловаться: «Да как он посмел меня об этом просить!» Вместо этого лучше сказать: «О Божественная Мать, я не знаю, почему прохожу через этот опыт, зато об этом ведаешь Ты — и этого вполне достаточно». Со временем мы обнаружим, что проблема исчезла. Ситуация все та же, но наше отношение к ней переменилось. Практикуя такой подход, рано или поздно мы уразумеем суть: «О, теперь я понимаю, в чем крылась загвоздка! Проблема была в моем характере. Мне необходимо было прожить этот инцидент, пройти через это конкретное испытание». Если с первого раза мы не поняли, что все события неслучайны, следует напоминать себе об этом снова и снова, пока урок не будет выучен.

Стоит нам взрастить в себе правильный подход к жизни, как она станет невероятно легкой. Мы начнем обретать то счастье, к которому стремились с самого начала духовного пути. Мы ведь «не от хорошей жизни» начинали свои поиски Бога! Нам явно чего-то не хватало, и мы надеялись найти это посредством учений Мастера. Единственный способ обрести счастье — забыть свое малое «я», которое говорит: «Я ненавижу это, я не понимаю этого, я не хочу того». Если мы всецело поглощены своим «я», если мы не в состоянии его усмирить, мы не сможем узреть Бога.

Нужно научиться замечать других вокруг нас, чувствовать их потребности и понимать их точку зрения. Мы желаем обрести космическое сознание, но порой не хотим признавать, что искорка Необъятного Духа, которая таится внутри нас — наше истинное «Я», — таится и в других людях! Пока мы этого не поймем и не начнем практиковать такой подход, мы не сможем достичь божественного сознания. Если мы всегда будем помнить последнее, на чем акцентировал внимание наш Гуру перед своим уходом из тела: «Только любовь сможет занять мое место»[6] — мы начнем *дарить* любовь, а не просто ожидать ее от других. Ибо, как говорил святой Франциск, «отдавая, мы получаем».

---

[6] Незадолго до кончины Парамахансы Йогананды одна из его ближайших учениц, Шри Дайя Мата (позднее она стала президентом Self-Realization Fellowship), спросила его, как будет продолжаться начатая им работа, когда он уже не сможет давать личные указания. Тихо и смиренно он ответил: «Когда я уйду, только любовь сможет занять мое место. День и ночь опьяняй себя любовью Бога, и дари эту любовь всем». — *Прим. изд.*

Об авторе

Брат Премамой родился в 1910 году в Словении, которая была тогда частью Австро-Венгрии. В молодости он был опытным альпинистом, а позже преуспел в музыке и получил докторскую степень в области международного права. Во время Второй мировой войны он активно участвовал в Движении Сопротивления, а в послевоенные годы работал на радиостанции «Свободная Европа» в Италии. В 1951 году эмигрировал в США.

Поскольку он свободно владел одиннадцатью языками и обучался на дипломата, ему предложили стать личным помощником Генерального секретаря ООН Дага Хаммаршельда. Однако судьба распорядилась иначе. Перед отъездом из Европы он получил от друга копию *«Автобиографии йога»*. Книга заронила в нем интерес, и он решил посетить международную штаб-квартиру Self-Realization Fellowship в Лос-Анджелесе. В 1954 году он стал монахом SRF.

На протяжении многих лет брат Премамой служил в разных храмах Self-Realization Fellowship, а также читал лекции по учениям Парамахансы Йогананды. Кроме того, в течение более двадцати пяти лет, вплоть до своей кончины в 1990 году, он духовно наставлял молодых монахов SRF. Те, кто обучался под его участливым руководством, свидетельствуют, что он собственным примером вдохновлял их становиться бескорыстными и сильными духом, и что образ его жизни ясно отражал значение санскритского термина, легшего в основу его монашеского имени, — «исполненный божественной любви».

О Парамахансе Йогананде
(1893–1952)

«В жизни Парамахансы Йогананды в полной мере проявился идеал любви к Богу и служения человечеству... Хотя большую часть своей жизни Йогананда провел за пределами Индии, он тем не менее занимает особое место среди наших великих святых. Его работа продолжает приносить свои плоды и сияет все ярче, привлекая людей всего мира на путь духовного паломничества».

— из сообщения индийского правительства, посвященного выпуску памятной марки в честь Парамахансы Йогананды

Парамаханса Йогананда родился в Индии 5 января 1893 года. Он посвятил свою жизнь служению людям всех рас и вероисповеданий, помогая им осознать и полнее выразить в своей жизни истинную красоту, благородство и божественность человеческого духа.

По окончании Калькуттского университета в 1915 году Парамаханса Йогананда принял обет монаха древнего индийского монашеского ордена Свами. Двумя годами позже он приступил к главному труду своей жизни — духовному наставничеству, основав йогическую школу («how-to-live» school). Сегодня во всей Индии уже насчитывается двадцать одно учебное заведение такого рода, где традиционные школьные предметы сочетаются с практикой йоги и воспитанием духовных идеалов. В 1920 году его пригласили на Международный конгресс религиозных либералов в Бостоне в качестве представителя от Индии. Его выступление на конгрессе и последовавшие за ним лекции в городах Восточного побережья

США были приняты с огромным энтузиазмом, и в 1924 году он отправился в трансконтинентальное лекционное турне.

На протяжении трех последующих десятилетий Парамаханса Йогананда вносил неоценимый вклад в распространение на Западе теоретических и практических знаний о духовной мудрости Востока. В 1920 году он основал религиозную организацию, объединяющую людей разных конфессий, — общество Self-Realization Fellowship — и разместил ее главный международный центр в Лос-Анджелесе. Написав множество трудов, совершив ряд больших лекционных турне и основав многочисленные храмы и медитационные центры SRF, он сумел познакомить тысячи искателей истины с древней философией йоги и ее универсальными методами медитации.

В наши дни его духовная и гуманитарная работа продолжается под руководством брата Чидананды, президента Self-Realization Fellowship/Yogoda Satsanga Society of India. Помимо издания письменных трудов Парамахансы Йогананды, его лекций, неформальных бесед и всеобъемлющей серии *Уроков Self-Realization Fellowship*, общество курирует работу храмов, ретритов, медитационных центров и монашеских общин Self-Realization Fellowship, а также Всемирного круга молитвы.

Освещая в своей статье жизнь и труд Парамахансы Йогананды, доктор наук и профессор кафедры древних языков в колледже Скриппс Куинси Хау-младший написал о нем следующее: «Парамаханса Йогананда принес из Индии не только вечную надежду на постижение Бога, но и практический метод, при помощи которого духовные искатели разных толков могут быстро продвигаться к этой цели. Духовное наследие Индии, первоначально признанное на Западе лишь на уровне чего-то возвышенного и абстрактного, стало доступным в наше время в виде практического опыта для всех тех, кто стремится познать Бога — не по ту сторону, а здесь и сейчас... Самый возвышенный метод созерцания Йогананда сделал доступным для всех».

Глоссарий

Аватар (avatar). От санскр. *avatara* («нисхождение»); тот, кто обретает единство с Духом, а затем возвращается на землю, чтобы помогать человечеству.

Астральный мир (astral world). Тонкая сфера света и энергии, лежащая в основе физического мира. Каждое существо, каждый предмет, каждая вибрация в физическом мире имеет своего астрального двойника, поскольку астральный мир («небеса») содержит в себе энергетическую копию физического мира. Более подробное описание астрального и еще более тонкого каузального (идеального) мира можно найти в 43-й главе книги Парамахансы Йогананды «Автобиография йога».

Аум (Ом) (Aum, Om). Санскритское корневое слово-звук, символизирующее тот аспект Всевышнего, который творит все сущее и поддерживает в нем жизнь; основа всех звуков; Космическая Вибрация. У тибетцев ведический *Аум* стал священным словом *Хам*; у мусульман — *Амин (Аминь)*; у египтян, греков, римлян, иудеев и христиан — *Аминь*. Мировые религии утверждают, что все сотворенное рождается в космической вибрационной энергии *Аум* (Аминь, Слово, Святой Дух). «В начале было Слово, и Слово было у Бога, и Слово было Бог... Все чрез Него начало быть, и без Него ничто не начало быть, что начало быть» (Ин. 1:1, 3).

Ашрам (ashram). Духовная обитель, часто — монастырь.

Бхагавад-Гита (Bhagavad Gita). «Песнь Господня»; древнее священное писание Индии, часть эпического сказания «Махабхарата». Представленная в форме диалога между *аватаром* Господом Кришной и его учеником Арджуной накануне исторической битвы на Курукшетре, Бхагавад-Гита является глубоким трактатом о йоге — науке единения с Богом — и вечным рецептом счастья и успеха в повседневной жизни.

Бхагаван Кришна (Господь Кришна). *Аватар*, живший в Древней Индии за много веков до рождения Иисуса Христа. Его учение о Йоге представлено в священной Бхагавад-Гите. В индуистских писаниях слово «Кришна» имеет несколько значений, одно из которых — «Всеведущий Дух». Поэтому «Кришна», как и «Христос», — это духовный титул, обозначающий божественное величие *аватара*, его единство с Богом.

Гуру (Guru). Духовный учитель. *Гуру-гита* (стих 17) точно описывает гуру как «того, кто рассеивает тьму» (от *гу* — «тьма» и *ру* — «тот, кто рассеивает»). Зачастую так называют любого учителя или инструктора, что само по себе ошибочно. Истинный, просветленный гуру — это тот, кто обрел власть над самим собой и осознал свое тождество с вездесущим Духом. Только такой гуру обладает надлежащей духовной квалификацией для того, чтобы направлять богоискателя в его внутреннем духовном поиске.

Ближайшим эквивалентом термина *гуру* на английском языке выступает слово «Мастер». Именно его зачастую используют ученики при уважительном обращении к Парамахансе Йогананде или его упоминании.

Духовное око (spiritual eye). Единое око интуиции и вездесущего восприятия в центре Христа (*Кутастха*), расположенном в межбровье; врата в наивысшие состояния сознания. В глубокой медитации духовное, или «чистое», око можно узреть в виде сияющего золотого кольца, обрамляющего темно-синюю сферу, внутри которой горит яркая звезда. Этот всеведущий глаз упоминается в священных писаниях как «третий глаз», «звезда Востока», «внутренний глаз», «голубь, сходящий с небес», «глаз Шивы» и «глаз интуиции».

Иисус также говорил о духовном оке: «Светильник для тела есть око. Итак, если око твое будет чисто, то и все тело твое будет светло...» (Мф. 6:22).

Йога (от санскр. *уиj* — «единение») — единение индивидуальной души с Духом, а также методы, с помощью которых достигается это единение. Существуют различные методы йоги; Парамаханса Йогананда обучал *Раджа-йоге* — «царственной», или «совершенной», йоге, которая делает акцент на практике научных техник медитации. Мудрец Патанджали, выдающийся толкователь йоги, выделил восемь ступеней, ведущих практикующего *Раджа-йогу* к *самадхи* (единению с Богом), а именно: (1) *яма,* нравственное поведение; (2) *нияма,* соблюдение религиозных предписаний; (3) *асана,* правильная поза для достижения неподвижности тела; (4) *пранаяма,* контроль над *праной,* тонкими жизненными токами; (5) *пратьяхара,* самоуглубление; (6) *дхарана,* концентрация; (7) *дхьяна,* медитация; (8) *самадхи,* состояние сверхсознания.

Карма (karma). Последствия действий, свершенных в этой или в прошлых жизнях. Кармический закон есть закон действия и противодействия, причины и следствия, сеяния и пожинания. Каждый человек сам формирует свою судьбу своими мыслями и действиями. Та энергия, которую он сам — благоразумно или же по собственному неведению — приводит в действие, должна вернуться к нему как к своей исходной точке, подобно тому, как круг неизбежно замыкает самого себя. Понимание кармы как закона справедливости помогает освободить человеческий разум от обид на Бога и человека. Карма неотделима от человека и следует за ним от инкарнации к инкарнации — до тех пор, пока она не будет отработана или преодолена духовно. (См. *реинкарнация*.)

Космическое Сознание (Cosmic Consciousness). Абсолют; Дух за пределами мироздания. Этот термин также обозначает достигаемое в медитации состояние *самадхи* — единение с Богом как внутри вибрационного мироздания, так и за его пределами.

Крийя-йога (Kriya Yoga). Священная духовная наука, зародившаяся в Индии несколько тысячелетий назад. Будучи формой *Раджа-йоги*, она включает в себя продвинутые техники медитации, которые ведут к прямому контакту с Богом. Подробное описание *Крийя-йоги* дается в 26-й главе «Автобиографии йога», а получить саму технику могут ученики SRF, подписавшиеся на *Уроки Self-Realization Fellowship Lessons* и выполнившие определенные духовные требования.

Кришна (Krishna). См. *Бхагаван Кришна*.

Майя (maya). Заложенная в структуре мироздания космическая иллюзия, из-за которой Единое Целое представляется множеством. *Майя* — это принцип относительности, контрастности, двойственности, противоположности; это Сатана (ивр. — «противник») в Ветхом Завете. Шри Йогананда писал: «На санскрите слово *майя* буквально означает „измеритель"... *Майя* — это магическая сила в мироздании, из-за которой в Неизмеримом и Нераздельном возникает видимость ограничений и деления... Единственная функция Сатаны (то есть *майи*) в божественном замысле-игре (*лиле*) состоит в том, чтобы отвлекать человека от Духа к материи, от Реальности к ирреальному... *Майя* — это покров преходящих состояний в Природе, бесконечного рождения новых форм; это покров, который каждый человек должен отбросить, чтобы увидеть за ним Творца, неизменяемое Неизменное, вечную Реальность».

Парамаханса (Paramahansa). Титул духовного мастера, достигшего высшего состояния неразрывного единения с Богом. Только истинный гуру может присвоить этот титул своему достойному ученику. Свами Шри Юктешвар присвоил этот титул Парамахансе Йогананде в 1935 году.

Сатана (Satan). См. *майя*.

Самадхи (Samadhi). Духовный экстаз; опыт сверхсознания; в высшем смысле — единение с Богом как с высшей Реальностью, пронизывающей все сущее.

Самореализация (Self-realization). Парамаханса Йогананда дал следующее определение Самореализации как осознания своего истинного «Я»: «Самореализация — это знание телом, умом и душой, что мы едины с вездесущностью Бога и нам не нужно молиться о ней; что она не просто рядом с нами в каждый миг нашей жизни, но что вездесущность Бога — это наша собственная вездесущность и мы сейчас — такая же часть Бога, какой будем всегда. Нам нужно лишь усовершенствовать это знание».

Реинкарнация (Reincarnation). Теория реинкарнации подробно рассматривается в 43-й главе «Автобиографии йога» Парамахансы Йогананды. Там объясняется, что, согласно закону *кармы*, прошлые действия людей порождают определенные последствия, которые притягивают их обратно в материальный мир. Они возвращаются на землю жизнь за жизнью, чтобы проходить через переживания, являющие собой результат этих действий, и продолжать процесс духовной эволюции, чтобы в итоге постичь совершенство души и обрести единение с Богом.

Христово Сознание (Christ Consciousness). «Христос», или «Христово Сознание», суть спроецированное сознание Бога, имманентно присутствующее во всем мироздании. Оно же Единородный Сын в Библии, единственно чистое отражение Бога Отца во всем сущем. В индуистских священных писаниях оно называется *Кутастха Чайтанья*, а также *Тат* (космический разум Духа, пронизывающий все мироздание). Это то универсальное, единое с Богом Сознание, которое было проявлено в Иисусе, Кришне и других *аватарах*. Святые и йоги знают его как состояние *самадхи*, в котором сознание отождествляется с разумом каждой частицы мироздания; они ощущают Вселенную как свое собственное тело. См. *Троица*.

Я (Self). С заглавной буквы — *атман* (душа, божественная суть человека), со строчной — малое «я», то есть человеческая личность, эго. Высшее «Я» есть индивидуализированный Дух, чья истинная природа — вечно сущее, вечно сознательное, всегда новое Блаженство.

Книги Парамахансы Йогананды на русском языке

Издательство Self-Realization Fellowship

«Автобиография йога»

«Вечный поиск»

«Божественный роман»

«Путь к Самореализации»

«Закон успеха»

«Как говорить с Богом»

«Метафизические медитации»

«Научные целительные аффирмации»

«Религия как наука»

«Высказывания Парамахансы Йогананды»

«Внутренний покой»

«Там, где свет»

«Почему Бог допускает зло»

«Быть победителем в жизни»

«Жить бесстрашно»

В издательстве «София» (www.sophia.ru) можно приобрести следующие книги:

«Автобиография йога»

«Бхагавадгита: Беседы Бога с Арджуной»

Другие издания
Self-Realization Fellowship
на русском языке

«Только любовь»
Шри Дайя Мата

«Как найти радость внутри себя»
Шри Дайя Мата

«Отношения между гуру и учеником»
Шри Мриналини Мата

«Проявление Божественного сознания в повседневной жизни»
Шри Мриналини Мата

Книги Парамахансы Йогананды на английском языке

Доступны напрямую у издателя:
Self-Realization Fellowship
3880 San Rafael Avenue • Los Angeles, California 90065-3219
Тел. +1 (323) 225-2471 • *Факс* +1 (323) 225-5088
www.srfbooks.org

Autobiography of a Yogi

Autobiography of a Yogi
(Аудиокнига, читает Сэр Бэн Кингсли)

The Second Coming of Christ:
The Resurrection of the Christ Within You
Комментарий-откровение изначального учения Христа

God Talks with Arjuna: The Bhagavad Gita
Новый перевод и комментарии

Man's Eternal Quest
Первый том собрания лекций, эссе и неформальных бесед
Парамахансы Йогананды

The Divine Romance
Второй том собрания лекций, эссе и неформальных бесед
Парамахансы Йогананды

Journey to Self-Realization
Третий том собрания лекций, эссе и неформальных бесед
Парамахансы Йогананды

Wine of the Mystic:
The Rubaiyat of Omar Khayyam — A Spiritual Interpretation
Вдохновенный комментарий, проливающий свет на мистическую науку общения с Богом, на которую указывают таинственные образы «Рубайята»

Where There Is Light:
Insight and Inspiration for Meeting Life's Challenges

Whispers from Eternity
Собрание вдохновенных молитв Парамахансы Йогананды и его запечатленных переживаний во время общения с Богом в высших стадиях медитации

The Science of Religion

The Yoga of the Bhagavad Gita:
An Introduction to India's Universal Science of God-Realization

The Yoga of Jesus:
Understanding the Hidden Teachings of the Gospels

In the Sanctuary of the Soul:
A Guide to Effective Prayer

Inner Peace:
How to Be Calmly Active and Actively Calm

To Be Victorious in Life

Why God Permits Evil and How to Rise Above It

Living Fearlessly:
Bringing Out Your Inner Soul Strength

How You Can Talk With God

Metaphysical Meditations
Более трехсот вдохновенных медитаций и одухотворенных молитв и аффирмаций Парамахансы Йогананды

Scientific Healing Affirmations
Парамаханса Йогананда дает здесь глубокое объяснение принципу действия целительных аффирмаций

Sayings of Paramahansa Yogananda
Короткие истории, в которых запечатлены искренние, пронизанные любовью советы и наставления Парамахансы Йогананды всем тем, кто обращался к нему за духовным руководством

Songs of the Soul
Мистическая поэзия Парамахансы Йогананды

The Law of Success
В этой книге Парамаханса Йогананда объясняет динамические принципы достижения целей

Cosmic Chants
Слова и музыка к шестидесяти духовным песням на английском языке; также прилагается вводная статья о том, как духовное пение способствует общению с Богом

DVD (документальный фильм)

Awake:
The Life of Yogananda
Отмеченный наградами документальный фильм о жизни и работе Парамахансы Йогананды

Другие брошюры серии «Искусство жить»

Парамаханса Йогананда
Answered Prayers

Focusing the Power of Attention for Success

Harmonizing Physical, Mental, and Spiritual Methods of Healing

Healing by God's Unlimited Power

How to Cultivate Divine Love

How to Find a Way to Victory

Remolding Your Life

Where Are Our Departed Loved Ones?

World Crisis

Шри Дайя Мата
How to Change Others

Overcoming Character Liabilities

The Skilled Profession of Child-Rearing

Шри Мриналини Мата
The Guru-Disciple Relationship

Брат Анандамой
Closing the Generation Gap

Spiritual Marriage

Брат Бхактананда
Applying the Power of Positive Thinking

Брат Премамой
Bringing Out the Best in Our Relationships With Others

Парамаханса Йогананда
«Автобиография йога»

Эта знаменитая автобиография представляет собой блестящий портрет одного из величайших духовных деятелей нашего времени. Подкупая своей искренностью и неподражаемым чувством юмора, Парамаханса Йогананда ярко описывает вдохновляющие события своей жизни: неординарные переживания детства; встречи с мудрецами и святыми в пору юношества, когда он ездил по Индии в поисках просветленного учителя; десять лет духовного обучения в ашраме под руководством глубоко почитаемого мастера йоги и тридцать лет духовного наставничества в Америке. Он также запечатлел свои встречи с Махатмой Ганди, Рабиндранатом Тагором, Лютером Бербанком, католической стигматисткой Терезой Нойман и другими знаменитыми духовными личностями Востока и Запада.

«Автобиография йога» представляет собой одновременно увлекательнейший рассказ о совершенно необыкновенной жизни и основательное введение в древнюю науку йоги с ее освященной веками традицией медитации. Автор четко объясняет тонкие, но неизменно действующие законы, стоящие как за обыкновенными событиями повседневной жизни, так и за необыкновенными, которые принято называть чудесами. Захватывающее повествование об удивительной жизни перетекает в проникновенный и незабываемый экскурс в глубочайшие тайны человеческого бытия.

«Автобиография йога», уже ставшая современной классикой, переведена более чем на пятьдесят языков и широко используется в колледжах и университетах в качестве авторитетного справочника. Неизменный бестселлер со дня своего появления в печати более семидесяти лет назад, она нашла свой путь к сердцам миллионов читателей во всем мире.

«Исключительно ценная работа»

— *The New York Times*

«Очаровательное, снабженное исчерпывающими комментариями исследование»

— *Newsweek*

«Ни на английском, ни на каком-либо другом европейском языке йога еще не была представлена подобным образом»

— *Columbia University Press*

Уроки
Self-Realization Fellowship

Личные наставления и инструкции Парамахансы Йогананды по техникам йогической медитации и принципам духовной жизни

Если вы чувствуете тягу к познанию духовных истин, описанных в брошюре «Выявляя лучшее в отношениях с людьми», мы предлагаем вам подписаться на *Уроки Self-Realization Fellowship* (*Self-Realization Fellowship Lessons*).

Парамаханса Йогананда разработал эту серию уроков для домашнего обучения с той целью, чтобы искренние искатели имели возможность самостоятельно изучать и практиковать древние йогические техники медитации, которые он представил Западу, — включая науку *Крийя-йоги*. *Уроки SRF* содержат, помимо прочего, практическое руководство по обретению сбалансированного физического, психологического и духовного благополучия.

Уроки Self-Realization Fellowship распространяются за символическую плату, чтобы покрыть расходы по печати и отправке материалов по почте. Все обучающиеся могут рассчитывать на бесплатную консультацию по практическим аспектам уроков со стороны монахов и монахинь общества Self-Realization Fellowship.

Если вы желаете знать больше...

Пожалуйста, посетите веб-сайт www.srflessons.org, чтобы запросить брошюру с исчерпывающей информацией по *Урокам SRF*.

www.ingramcontent.com/pod-product-compliance
Lightning Source LLC
Chambersburg PA
CBHW031437040426
42444CB00006B/862